AF263809

# NOTICE HISTORIQUE

## SUR LES VINGT-SIX

# MARTYRS DU JAPON

Crucifiés à Nangasaki, le 5 février 1597,

BÉATIFIÉS PAR BREFS DU PAPE URBAIN VIII, DES 14
ET 15 OCTOBRE 1627,

Et canonisés à Rome, le 8 juin 1862.

## LYON

TYPOGRAPHIE B. BOURSY, C. JAILLET, SUCCʳ,
Rue Mercière, 92.

—

1863

# NOTICE HISTORIQUE

## SUR LES

# MARTYRS DU JAPON

---

## AVANT-PROPOS.

Le saint jour de la Pentecôte, où l'esprit de lumière descendit sur les apôtres de Jésus-Christ, a été choisi par le souverain pontife pour la célébration de la fête solennelle à laquelle doit donner lieu la canonisation des *vingt-six martyrs* japonais ; de ces intrépides confesseurs de la doctrine évangélique, qui eurent la gloire de cueillir au milieu des supplices et des tortures, la palme triomphale que Dieu réserve à ses élus.

Avant de relater les circonstances qui amenèrent la persécution ordonnée par l'empereur Taïcosama, il est indispensable de donner quelques détails sur le Japon, sa position

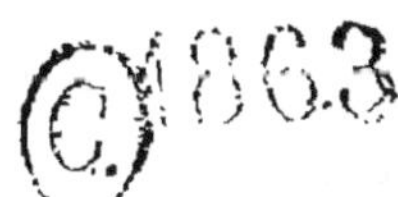

4

géographique, et son organisation politique au moment où saint François-Xavier vint évangéliser ce pays.

D'après Bescherelle, l'empire japonais comprend cinq grandes îles, savoir : Kiou-Siou, Sikokf, Niphon, Yesso, Tarakaï; plus une quantité de petites îles, les unes et les autres situées entre les 30e et 50e degrés de latitude nord, et les 130e et 155e degrés de longitude est. La superficie totale du territoire de cet empire est évaluée à 700,000 kilomètres carrés; la population n'est pas moindre de trente à quarante millions.

Pendant une longue suite de siècles, le gouvernement du Japon fut monarchique; les diverses provinces de l'empire étaient réunies sous l'autorité d'un souverain appelé *Daïri* ou *Vo*. La mollesse et l'incapacité du daïri fit passer le pouvoir aux mains de deux ministres, appelés *Cubos*; dans la suite, il n'y eut plus qu'un seul *Cubo*, qui gouvernait et ne régnait pas; tandis que le daïri, au contraire, régnait, mais ne gouvernait pas; de même qu'en France, sous la race fainéante, les maires du Palais étaient détenteurs de l'autorité, pendant que le trône était occupé par un fantôme de roi. Les principaux chefs de l'armée, lassés d'une forme de gouvernement aussi vicieuse, se liguèrent pour la renverser; ce fut alors que s'opéra la révolution qui rompit l'unité primitive de l'empire, et fit du Japon une multitude de petites principautés ou royaumes indépendants.

A l'époque où les premiers missionnaires vinrent prêcher la doctrine de Jésus-Christ dans cette contrée idolâtre, on y comptait 66 états séparés, savoir : 53 dans l'île de Niphon, 9 dans celle de Ximo, et 4 dans celle de Xico. Des meurtres et des insurrections qui se renouvelaient sans cesse, amenaient assez fréquemment des changements de souverains et de dynasties.

Méaco, dans l'île de Niphon, était alors la principale ville de tout le Japon, et sa possession comme capitale donnait un grand avantage aux princes qui en étaient les maîtres. Aussi, l'un deux nommé Nobunanga, celui qui eut pour successeur Taïcosama, étendit sa suzeraineté sur la plupart des souverains de l'île de Niphon et les réduisit au rôle de simples gouverneurs. Taïcosama alla plus loin encore ; il réussit à forcer tous les les princes de l'empire à reconnaître son autorité suprême, et reconstitua ainsi l'ancienne unité.

De nos jours, le Daïri, quoiqu'il ait toujours le titre d'Empereur, a des attributions très-restreintes, et pour ainsi dire purement honorifiques. Il prononce en dernier ressort sur les contestations relatives aux titres nobiliaires, et aux droits de succession, à toutes les dignités, même à la dignité impériale; son approbation est nécessaire à la validité des traités.

Sa résidence est à Méaco, où il tient une sorte de cour. Ses revenus sont considérables. Mais le véritable souverain de l'empire est le *Xogun* ou *Sjagun*, qui a remplacé les anciens *Cubos*. Il habite Yedo, devenue la capitale du Japon ; il gouverne directement les cinq principales villes, qui sont : Yedo, Méaco, Osako, Sakaï et Nangasaki.

Le territoire de l'empire est divisée en dix régions appelées *Do* ; ces dix régions se subdivisent en 68 provinces, désignées sous le nom de *Kouk*, lesquelles provinces forment à leur tour 604 districts, que l'on nomme *Kori*. Des princes, appelés *Daïmio,* gouvernent les *Kouk* ou provinces ; nommés par le *Sjagun* lui-même, ils sont responsables et tenus de donner des ôtages pour garantie d'une bonne administration.

Après cet aperçu nécessaire à l'intelligence de certaines parties de notre récit, nous entrerons immédiatement en matière.

## I.

*Le christianisme prêché au Japon par saint-François-
Xavier. — Accroissement rapide de l'église japonaise. — Coup-d'œil abrégé sur sa situation depuis
1550 jusqu'à 1590. — Taïcosama, bienveillant envers les Chrétiens pendant la première année de son
règne, fut ensuite leur persécuteur.*

Le 15 août 1549, saint François-Xavier,
surnommé l'*Apôtre des Indes*, parti de Ma-
lacca sur une embarcation chinoise, abordait
sur les plages japonaises, et mettait le pied
sur cette terre qu'il allait conquérir à la foi
chrétienne. Sa prédication, secondée par la
grâce divine, fut si éloquente et si persua-
sive que deux années lui suffirent pour propager la doctrine évangélique dans toutes
les provinces de ce vaste empire.

Pendant ce court espace de temps, le zélé
missionnaire avait baptisé des milliers de
païens, converti des princes et des rois, af-
faibli considérablement l'autorité des bonzes, enfin établi les ouvriers évangéliques
qui devaient poursuivre son œuvre et la ter-
miner.

Dévoré de cette ardeur infatigable qui re-
cherchait sans cesse de nouveaux périls et
de nouvelles conversions à opérer, le digne

successeur des apôtres quittait le Japon en 1551, et faisait voile vers la Chine, désireux de soumettre cette vaste contrée à la religion du Christ; mais le temps lui manqua pour achever cette entreprise. Dieu rappela à lui le fidèle serviteur pour lui décerner sa juste récompense; le 2 décembre 1552, saint François-Xavier mourut dans l'île de Sancian.

Après lui, des religieux de son ordre, héritiers de son zèle généreux et s'inspirant de son exemple, cultivèrent avec le plus grand soin l'église naissante du Japon; grâce à leurs efforts assidus, elle ne cessa, pendant près de quarante années, de prendre force et accroissement. Si, de temps à autre, elle eut à essuyer des persécutions suscitées par les bonzes, habiles à exploiter le fanatisme de quelques rois et gouverneurs, ce ne furent que des épreuves passagères; car, jusqu'à Taïcosama aucun souverain de cette contrée n'entreprit d'en bannir la religion de Jésus-Christ.

En 1597, la situation de la nouvelle chrétienté était florissante; plus de 500,000 indigènes avaient reçu le baptême; dans ce nombre figuraient quantité de grands personnages, même des princes et des rois. Environ cent trente religieux de la Compagnie de Jésus exerçaient dans le pays le minis-

tère apostolique. Il est vrai que le soin d'é-
vangéliser le Japon leur fut longtemps attri-
bué exclusivement par le Saint-Siége. Par
un bref du 28 janvier 1585, Grégoire XIII
leur avait réservé cette mission, et interdit
aux membres du clergé séculier ainsi qu'à
tous les autres ordres religieux de prêcher
la foi dans cet empire.

Plus tard, une bulle de Sixte V dérogea
implicitement à cette défense de Grégoire
XIII, en érigeant dans les îles Philippines
une province des Franciscains de l'Obser-
vance, sous le titre de *Province de Saint-
Grégoire*, et en autorisant les membres de
cet ordre, soit à fonder des couvents et maisons tant aux Philippines que dans toutes
les Indes Occidentales, et à travailler à la
conversion des idolâtres dans toutes ces contrées, dont le Japon se trouvait faire partie,
d'après la classification géographique adop-
tée et en usage alors. Ce fut en vertu de cette
bulle que les Franciscains vinrent au Japon
pour y exercer l'apostolat.

Un homme né dans la condition la plus
infime, originaire de la province du Japon
que l'on appelle Caris, et qui, dans sa jeunesse, sous le nom de Toxiquino, exerçait la
profession de bûcheron, devait commander
un jour des armées, et monter enfin sur le
trône.

Doué d'une sagacité remarquable, il sut exploiter les événements au profit de son ambition. Son élévation fut aussi rapide que surprenante. Il obtint successivement des emplois, des titres de noblesse, et les plus hauts grades militaires. La confiance que sa valeur et sa prudence avaient inspirée aux chefs et aux soldats, lui assurèrent une influence telle, que, lorsque Nobunanga et ses fils eurent été assassinés dans Méaco, à la suite d'une conspiration, Toxiquino, qui devenu général d'armée, avait échangé ce nom contre celui de *Faxiba*, n'eut pas de peine à se faire prêter serment d'obéissance et à se faire proclamer empereur.

Cabucondono-Taïcosama (il avait d'abord pris le premier de ces noms et lui substitua bientôt le second) étendit son autorité bien plus loin que ses prédécesseurs. Aux vices les plus odieux, il unissait de grandes qualités. Son règne fut signalé par de gigantesques entreprises et par la construction de magnifiques monuments. Une ville nouvelle, Fucimo, dans laquelle il se fit élever un somptueux palais, prit bientôt un accroissement considérable, au détriment de Méaco. Habile politique, Taïcosama échangeait souvent les apanages entre les grands feudataires, envoyant au nord les gouverneurs qui étaient au midi, à l'orient ceux qui avaient leur résidence à l'occident, de manière à les priver de toute influence et à prévenir ainsi toute conspiration contre son autorité. Les anciens rois du Japon se virent ainsi réduits à n'être plus que des préfets établis et révoqués selon le bon plaisir de l'empereur; en un mot, de dociles instruments de ses volontés.

Il avait imposé aux bonzes des lois sévères, menacé de la peine de mort ceux d'entre eux qui se rendraient coupables de déserdres et d'immoralité. Quant aux chrétiens, sachant qu'ils avaient été de fidèles sujets pour son prédécesseur, il se montra tolérant à l'égard de leur culte, dont il autorisa la libre prédication; dans plus d'une occasion, il fit preuve de bienveillance envers les Pères Jésuites, avec lesquels il s'entretenait particulièrement; il leur rendit plusieus fois des visites dans leur maison d'Ocaza, et leur concéda un emplacement destiné à la construction d'une église et d'un séminaire. Un seul précepte du christianisme, disait-il, froissait ses idées et le détournait d'embrasser cette religion, c'était la défense d'avoir plusieurs femmes.

Parmi le grand nombre de seigneurs japonais qui se montraient de zélés chrétiens, plusieurs étaient en grande faveur auprès de lui, et occupaient de hauts emplois; l'un d'eux surtout, le prince Ucondono, dont l'Empereur vantait souvent la valeur et la prudence, mais plus encore la pureté de mœurs. Enfin on avait remarqué que plus d'une fois Taïcosama semblait faire plus de cas de la doctrine chrétienne que des diverses sectes religieuses du Japon, et des idoles Cama et Fotoca, principales divinités de l'empire. Mais au fond, il était athée et ne considérait les divers cultes que comme des moyens de contenir les hommes et de dominer les populations. Et pourtant, il nourrissait la secrète pensée de se faire admettre parmi les dieux de l'empire, comme les anciens conquérants du Japon; on en a la preuve par une disposition de son testament qui prescrit de lui offrir des sacrifices comme à Cama et à Fotoca. Or, la propagation de la religion chrétienne dans ses états, surtout si elle y devenait dominante, devait mettre obstacle à la réalisation de ce désir formé par une ambition insensée. D'autre part, les jeunes filles chrétiennes refusaient de se rendre aux sollicitations des ministres de ses débauches, et de grossir le nombre des concubines que renfermait son sérail. De perfides conseillers, entre autres le ministre Jaung, qui, en sa qualité d'ex-bonze, détestait les chrétiens, ne manquaient pas d'attirer la colère de l'empereur.

A ces deux causes de mécontentement,

s'en joignit une troisième plus puissante encore. Taïcosama se persuada que la conversion des iles japonaises au christianisme
amènerait un soulèvement qui le renverse-
rait du trône, ou qu'une expédition dirigée
par les Espagnols du Manille s'emparerait de
tout ou partie de ses possessions. Dès-lors il
se montra disposé à adopter des mesures de
rigueur contre les chrétiens ; la persécution
allait commencer.

## II.

*Premières mesures de rigueur prises contre les mission-
naires. — Période de 1587 à 1596. — Arrivée au
Japon de quatre religieux Franciscains. — Ils bâtis-
sent une église et un couvent à Miaco. — Naufrage
du vaisseau espagnol, le Saint-Philippe, sur les côtes
du Japon. — Conséquences fatales de cet évènement
par rapport aux missionnaires. — Un nouvel édit
est rendu et exécuté.*

Le premier acte de vigueur auquel se li-
vra Taïcosama, fut de signifier au prince
Neoudona, gouverneur d'une vaste province,
qu'il eût à renoncer à la religion chrétienne
ou à toutes ses dignités. Sans hésiter, celui-
ci préféra l'exil et la disgrâce à l'abjuration
de sa foi.

Peu de jours après, parut un édit de proscription (1587). Les Pères Jésuites, accou-

tumés depuis cinq ans à la bienveillance de l'empereur, furent surpris de recevoir l'ordre de quitter sous vingt jours le territoire japonais. Ils obtinrent pourtant un délai de six mois; mais par prudence, ils quittèrent le costume de leur ordre, et cessèrent, du moins ostensiblement, tous leurs travaux apostoliques. Les six mois s'écoulèrent, ils ne partirent pas.

En apprenant plus tard que ses ordres n'avaient pas été exécutés, Taïcosama menaça de faire périr tous les missionnaires. Diverses circonstance le calmèrent : d'abord les députés japonais envoyés à Rome quelques années auparavant, revinrent en 1590, accompagnés du P. Valignoni, ambassadeur du vice-roi des Indes, et chargé par lui de lettres et de présents pour Taïcosama. Ensuite, l'expédition tentée sur la Corée, et prélude de celle que le monarque japonais méditait sur l'empire de la Chine, avait eu un plein succès. L'amiral Augustin, qui professait la religion chrétienne, avait conquis la Corée, avec l'aide des souverains d'Amura, de Censimo et d'Arima, tous chrétiens et vassaux de Taïcosama. Ce dernier, satisfait de cet accroissement de ses états, se montra plus tolérant envers les missionnaires, et fit justice au prince Ucondono, disgracié trois ans auparavant.

Pendant la période de 1587 à 1596, l'église japonaise fut tantôt persécutée, tantôt tranquille; mais ce qu'il y eut de remarquable, c'est que le nombre des indigènes qui demandaient à être baptisés, était plus considérable pendant les mauvais jours que dans les moments paisibles. De 1591 à 1591, plus de dix mille Japonais adultes, parmi lesquels figuraient beaucoup de nobles, s'enrôlèrent sous la bannière de Jésus-Christ.

Dans les premiers mois de 1593, quatre religieux de l'ordre des Franciscains partirent de Manille pour se rendre au Japon, où trois d'entre eux allaient bientôt cueillir la palme du martyre. C'étaient le P. Pierre-Baptiste, le P. Barthelemy Ruiz, le P. François de St-Michel et le P. Gonzalve Garcia. Après trente jours de navigation, le navire toucha au port de Firando, à treize lieues de Nangoïa, où devait avoir lieu l'audience impériale. Taïcosama leur fit bon accueil, mais il leur signifia qu'il ne voulait pas que l'on prêchât la religion chrétienne dans ses états. Les Pères demandèrent et obtinrent de visiter Méaco, la distance était de 150 lieues. L'empereur voulut faire les frais du voyage, qui s'effectua sur une jonque impériale; à leur arrivée dans la capitale, il pourvut largement à leur subsistance, et leur accorda l'autorisation de séjourner à Méaco. Ghenifoïn, son premier ministre, fut chargé de leur assigner un emplacement pour y bâtir une église et une maison. Recommandations expresses leur furent faites, soit par ce ministre, soit par Gibounacho, gouverneur de la partie de la ville où ils allaient habiter, de ne pas prêcher ni de faire aucun exercice public du culte chrétien, les édits de l'empereur le défendant positivement.

Cependant les travaux de construction du couvent et de l'église, qui reçut le nom de *Ste-Marie-de-la-Portioncule*, furent poussés avec activité; l'empereur vint les voir et envoya au Pères une somme d'argent et une forte provision de riz. Des dons considérables, faits par divers seigneurs, se joignirent aux présents du souverain. La bienveillance de Taïcosama inspira aux religieux une confiance telle qu'ils ne songèrent pas à se faire donner d'autorisation écrite; ils comptaient d'ailleurs sur l'appui d'un seigneur nommé Fioungen, qui jouissait de beaucoup de crédit, et dont le fils, commé Oufioyé, tenait l'emploi de préfet dans le palais de l'empereur. C'était Fioungen qui avait été leur premier protecteur, mais il ne devait pas tarder de les abandonner.

Leur église était à peine achevée, qu'ils commencèrent la prédication et célébrèrent les saints mystères, malgré les avis des PP.

Organtiz et Pérez, Jésuites, qui résidaient dans la capitale. Gibounacho les invita à cesser toutes démonstrations publiques et extérieures ; et ce fut en vain que des chrétiens de haut rang joignirent leurs instances aux conseils du gouverneur. Les Franciscains, excités par l'exemple glorieux de quelques membres de leur ordre, tout récemment martyrs dans les états de Maroc, poursuivirent avec ardeur leur périlleux apostolat, comme s'ils eussent voulu hâter l'heure où ils iraient rejoindre dans le ciel leurs frères morts pour Jésus-Christ !

Trois autres religieux du même ordre étaient arrivés de Manille au mois d'août 1594 : le P. Augustin Rodriguez, et les Frères Jérôme de Jésus et Marcel Ribodeneyra. Le P. Pierre Baptiste résolut alors de fonder deux nouvelles maisons, l'une à Ocaza, l'autre à Nangasaki. Mais le gouverneur de cette dernière ville mit obstacle à ce projet ; il donna l'ordre d'expulser les Franciscains de sa province, et défendit aux chrétiens, sous peine de mort, d'assister aux offices divins.

Sur ces entrefaites, et comme pour augmenter l'irritation de Taïcosama, en voyant son édit méprisé, un navire porteur d'un chargement précieux, était parti des îles Philippines pour la Nouvelle-Espagne, sous le commandement de don Mathias Londecho.

Assailli pendant la route par plusieurs tempêtes, dont l'une dura cinq jours entiers, ce navire, après avoir tenu la mer durant plus de trois mois arriva enfin tout désemparé en vue du port d'Aurado, dépendant de la province japonaise appelée Tosa. Forcé de relâcher, le commandant protesta en vain contre la séquestration de son chargement. On envoya demander les ordres de Taïcosama; mais pendant que l'affaire se traitait, un officier du navire espagnol eut l'imprudence de répondre à l'un des ministres de l'empereur, qui le questionnait sur la puissance du roi d'Espagne et sur les éléments qui avaient contribué à fonder une monarchie aussi formidable : « Nos souverains envoient d'abord dans les contrées qu'ils veulent soumettre, des missionnaires qui prêchent le christianisme; puis, lorsqu'ils ont fait de nombreux prosélytes, on expédie une armée qui achève la conquête. »

A peine ces paroles furent-elles rapportées à Taïcosama, déjà mal disposé à restituer la cargaison saisie, parce que les bonzes et le perfide Jacuiz lui faisaient entrevoir que cette riche épave, d'une valeur de plus d'un million, le dédommagerait des désastres récents causés par un tremblement de terre qui avait détruit son palais de Méaco ainsi que bon nombre de temples et d'édifices, déclara qu'il confisquait la cargaison définitivement, en vertu des anciens usages, et aussi parce que le navire renfermait des armes et des munitions de guerre ; qu'il croyait se montrer généreux en laissant la vie à l'équipage. A l'égard des missionnaires, sa colère n'eut plus de bornes ; il jura de les faire périr jusqu'au dernier.

Tous les chrétiens du Japon comprirent que la tempête, longtemps menaçante, allait éclater enfin. En effet, aux vexations qui avaient pendant dix ans entravé les travaux apostoliques, allait succéder une effroyable persécution !

## III.

*L'Empereur donne l'ordre de faire périr tous les reli-gieux. — Il excepte de la sentence plusieurs pères Jésuites. — Liste de proscription dressées. — Le Gouverneur de Miaco réduit le nombre des chrétiens qui y figuraient. — Premières tortures infligées aux martyrs. — Voyage de Miaco à Nangoïa, et de Nangoïa à Nangasaki. — Noms des 26 martyrs. — Arrivée à Nangasaki. — Détails. — Du supplice. — Faits postérieux. — L'église du Japon jusqu'à nos jours.*

Dans les premiers jours de décembre 1596, l'Empereur adressa de vifs reproches à Oufioyé, préfet de sa maison, de ce que son père Fioungen (Alias Farigara) avait protégé les Franciscains. Oufioyé s'efforça de disculper son père, et, pour mieux y réussir, il voulut faire preuve de zèle contre les chrétiens. On fait venir les deux gouverneurs de Méaco, Gibounocho et Gemonagio, pour prendre part à un conseil tenu par l'empereur, et auquel assistaient ses ministres, ainsi que Fioungen et Oufioyé. Taïcosama commença par accuser les gouverneurs d'avoir toléré l'infraction à son édit qui défendait la prédication publique de la religion chrétienne. Gibounacho, bien qu'il fût païen, aurait voulu sauver les Pères Jésuites et les religieux Franciscains. Sachant que le P. Organtiz était bien vu de l'empereur, qui l'avait autorisé, à cause de son grand âge, à habiter Méaco ; il essaya d'abord de rejeter sur lui la contravention à l'édit, dans la conviction que Taïcosama ne sévirait pas contre ce vieillard ; puis, comprenant que les Franciscains, abandonnés par Fioungen et Oufioyé, qui voulaient en les perdant faire oublier le patronage qu'il leur avaient accordé, étaient trop compromis pour échapper au destin qui les menaçait, il tenta de soustraire du moins au même sort les Pères Jésuites, qui avaient agi avec plus de prudence. Il déclara que, malgré la surveillance exercée sur eux, il ne les avait jamais surpris à contrevenir aux prescriptions de l'édit impérial et montra une lettre du gouverneur de Nangasaki, dans laquelle il était dit que ces religieux se tenaient tranquilles et très-réservés en ce qui concernait la propagation de la doctrine chrétienne. L'empereur leva la séance sans rien décider ; mais dès le lendemain, il manda Gibounacho et ordonna brièvement de *faire périr tous les Pères*. Il n'y avait plus qu'à obéir ; cependant le gouverneur se contenta de faire mettre des gardes à la maison des Franciscains et à celle des Jésuites de Méaco.

L'ordre de Taïcosama fut bientôt connu non-seulement dans la capitale, mais dans toute l'étendue du territoire japonais. Les chrétiens indigènes, croyant que les termes dont l'empereur s'était servi leur étaient applicables (le mot de Père les abusait parce qu'on le donnait quelquefois à tous les sectateurs de la religion chrétienne), se préparèrent avec joie au martyre, et on en vit accourir à Méaco de toutes les provinces de l'empire, même les plus éloignées, pour partager le sort des confesseurs de Jésus-Christ.

Il y avait alors à Méaco quatre religieux de l'ordre des Franciscains, le P. Pierre-Baptiste, commissaire, le P. Philippe de las Casas ou de Jésus, et les Frères Jean le Pauvre et Gonzalve Garcia. Le P. Martin d'Aguirre, ou de l'Ascension, résidait à Ocaza, ainsi que le F. Paul Miki, de la Compagnie de Jésus. Plusieurs religieux de ce dernier ordre se trouvaient aussi à Méaco : le P. Organtiz, le P. Rodriguez, qui remplissait les fonctions d'interprète dans les relations entre les Pères et l'empereur; le P. Pedro Monjor et le P. François Pérez; en outre, les FF. Jean de Gato, ou Soan, et Jacques Kisaï. Le gouverneur Gibounacho tenta un dernier effort auprès de Taïcosama; il lui demanda si son intention était de mettre à mort *tous les pères*, et sur quel genre de délit on publierait la sentence. L'empereur, sous l'influence des perfides suggestions du médecin bonze Jacuiz, qui ne cessait de lui représenter les dangers que présentait la propagation du christianisme, surtout parmi les grands et les nobles, parce qu'elle devait nécessairement faciliter la conquête du Japon par les armées espagnoles, réitéra ses ordres; mais il excepta de la condamnation le P. Rodriguez, le P. Organtiz, les Pères Jésuites de Nangasaki, l'évêque du Japon et tous ceux que ce prélat lui avait présentés.

Oufloyé, chargé d'exécuter l'arrêt, se rendit à Méaco pour dresser la liste des condamnés. On y inscrivit les noms de plusieurs chrétiens, parmi lesquels figurait celui du prince Ucondono. La première liste contenait cent soixante-dix noms. Gibounacho refusa de l'admettre, et la réduisit d'abord à quarante-sept, puis définitivement à douze. A Ozaca, on arrêta quatre Franciscains et trois religieux japonais appartenant à la compagnie de Jésus. On les fit partir pour Méaco; ils y arrivèrent le 1er janvier 1597, et furent réunis aux Pères arrêtés dans cette capitale, et aux chrétiens dont les noms avaient été portés sur la liste. De sorte que ce jour-là, il se trouvait dans la prison de Méaco vingt-quatre soldats du Christ, prêts à combattre et à verser leur sang pour la foi.

Leur crucifiement devait avoirlieu à Nangasaki. Des ordres avaient été expédiés en conséquence, non au gouverneur qui était chrétien et se nommait Tarazara, mais au sous-gouverneur qui était idolâtre et se nommait Fazamburo. On l'avertissait que les condamnés seraient conduits par la voie de terre de Méaco à Nangoïa ; qu'arrivés là, on les mettrait sous sa garde et responsabilité, pour qu'il les conduisît à Nangasaki où le supplice aurait lieu.

Dans la soirée du 2 janvier, on avertit les prisonniers que le lendemain on leur ferait subir l'amputation du bout de l'oreille gauche et la promenade sur les chars, ce qui est au Japon la flétrissure la plus grande qu'on inflige aux scélérats. L'édit de Taïcosama ordonnait qu'on leur coupât le nez et les oreilles ; Gibounacho, qui espérait toujours leur grâce, ou du moins leur simple expulsion du territoire japonais, prit sur lui de modifier l'arrêt. Pendant le nuit, les confesseurs ne cessèrent de faire entendre des chants d'allégresse et d'actions de grâces.

Dès le matin du 3, on leur lia les mains derrière le dos et on les mena, à pied, sur la place principale de Méaco ; puis lorsque les exécuteurs leur eurent coupé la partie inférieure de l'oreille, on les fit monter sur des chars, dans chacun desquels ils étaient au nombre de trois. Devant le cortège, on portait une lance sur laquelle la sentence était inscrite. Sur la route des martyrs, les habitants de Méaco avaient répandu du sable, comme pour le passage du souverain ou des généraux qui revenaient victorieux. Le P. Baptiste prêchait la foule ; les autres confesseurs paraissaient plongés dans une pieuse extase ; les trois enfants, Louis, âgé de 11 ans, Antoine, âgé de 13, et Thomas, de 14, récitaient des *Pater* et des *Ave*. Sur leurs visages empreints d'une angélique candeur, on li-ait la résignation et la joie que leur faisait éprouver l'approche du martyre.

Le lendemain, on fit monter les vingt-quatre condamnés sur des bêtes de somme ; ils furent successivement donnés en spectacle aux populations de Fucimo, d'Ocaza et de

Sicaïa ; ils étaient liés avec des cordes, et eurent beaucoup à souffrir des intempéries de la saison. Mais partout, l'effet que Taïcosama avait voulu produire, fut contraire à ses espérances ; car les habitants de toutes les villes et de tous les villages que traversa le cortége, se montrèrent pleins de compassion pour ces innocentes victimes, et d'admiration pour leur héroïque courage ; au point que les bonzes disaient tout haut qu'en employant des moyens semblables, on ne ferait que propager la loi des chrétiens.

Le 9 janvier, on quitta Sacaïa pour se diriger sur Nangoïa. Dans le trajet, deux chrétiens qui s'étaient dévoués à partager le sort des confesseurs, et qui, pendant tout le voyage, les avaient entourés de soins et de respect, les servant avec zèle et leur offrant des vivres et des rafraîchissements, soit sur la route, soit dans les prisons où on les déposait provisoirement, furent garrottés par les gardes, et destinés à mourir avec les condamnés, dont le nombre, primitivement de 24, se trouva ainsi porté à 26.

Six religieux Franciscains :

1. Le F. Pierre-Baptiste, âgé de 48 ans, né à Saint-Etienne, diocèse d'Avila (Espagne), prêtre et prédicateur, d'abord supérieur d'un couvent son ordre, à Manille, puis commis-

saire visiteur des maisons de Franciscains, aux îles Philippines.

2. Le F. Martin d'Aguirre ou de l'Ascension, âgé de 30 ans, natif de Vergora, province de Guipuscao (Espagne), président de la maison d'Ocoza, au Japon, prédicateur célèbre, et possédant assez bien la langue Japonaise.

3. Le F. François Blanco, âgé de 30 ans, né à Monterey, province de Galice (Espagne), prêtre et théologien.

4. Le F. Philippe de la Casa ou de Jésus, né à Mexico, d'une famille espagnole, riche et considérée; il se rendait à Mexico pour être ordonné prêtre, lorsqu'il fut pris avec les passagers du navire espagnol échoué à Firando, sur les côtes du Japon; envoyé au couvent de Méaco, il fut arrêté avec les autres religieux des trois ordres, et subit le martyre à l'âge de 23 ans.

5. Le F. Gonzalez, âgé de 25 ans, frère lai, né à Bazain, aux Indes-Orientales, d'un père portugais et d'une mère indienne.

6. Le F. François de Saint-Michel, âgé de 30 ans environ, frère lai, né à la Padilla, près de Valladolid (Espagne).

Trois religieux de la compagnie de Jésus, et tous trois Japonais :

1. Paul Miki, né à Thounocauni, dans la province d'Ava, appartenant à une des pre-

mière familles de l'empire ; baptisé avec son père à l'âge de 4 ans, il fut dès sa jeunesse un modèle de ferveur ; il se félicitait surtout de mourir à l'âge de 33 ans, comme son divin maître Jésus-Christ.

2. Jacques Kisaï, âgé de 62 ans, artisan et habitant de la province de Bigen ; il remplissait l'office de portier et de servant d'autel dans la maison de la compagnie de Jésus, à Ocaza.

3. Jean Soan, âgé de 19 ans, appelé le *Galo*, parce qu'il était né dans l'île de ce nom ; baptisé dès l'enfance, il s'attacha aux Pères Jésuites, desservant d'autel, puis catéchiste et prédicateur.

Dix-sept Japonais laïques, du tiers-ordre des Franciscains :

1. Côme Tachegia, de la province d'Oaris, repasseur de sabres.

2. Michel Cozaki, de la province d'Ise, d'abord fabricant de flèches, puis serviteur des religieux.

3. Paul Harki, de la province d'Oaris, baptisé depuis peu ; prédicateur et interprète des Pères.

4. Léon Carasumaro, frère cadet de Paul Harki, mais chrétien de plus ancienne date.

5. Louis, âgé de 11 ans, de la province d'Oaris, neveu de Paul et de Léon.

6. Antoine, âgé de 13 ans, né à Nangoraki,

d'un père chinois et d'une mère japonaise.

7. Thomas Cozaki, fils de Michel, ci-dessus nommé, desservant d'autel.

8. Mathias, nouvellement baptisé, et s'étant substitué lui-même à un autre Mathias.

9. Ventura, né à Méaco, attaché comme catéchiste aux Pères Franciscains.

10. François Médeciz, âgé de 46 ans, né à Méaco, catéchiste et interprète des pères Franciscains de Méaco.

11. Joachim Saukiou ou Saéquie, d'Ocaza, âgé de 40 ans environ, cuisinier.

12. Gabriel, dit de Duisco, âgé de 19 ans, né dans la province d'Iche.

13. Thomas Danki, pharmacien.

14. Paul Sauzanki, né dans la province d'Oaris, interprète des Pères Franciscains.

15. Jean Kimoü ou Quizuya, tisseur d'étoffes de soie.

16. François Fakelente, charpentier.

17. Pierre Soukechiro, homme de confiance des Pères Jésuites.

Après avoir voyagé péniblement durant tout le mois de janvier, les condamnés arrivèrent le 31 à Fucata, d'où ils repartirent le lendemain pour Carazu, localité située à environ quatre lieues de Nangoïa. Ils y étaient attendus par le sous-gouverneur de Nangasaki, Fazamburo, qui devait les conduire dans cette ville et présider à leur exécution.

Cet officier, qui avait eu d'intimes relations avec le P. Paul Miki, de la compagnie de Jésus, lui témoigna combien il était touché de son sort. Paul le remercia, mais en ajoutant qu'il se trouvait au contraire très-heureux de mourir pour la foi. Il pria Fazamburo, et le P. Pierre-Baptiste joignit ses instances à celles de Miki, de leur accorder, à Nangasaki, un peu de temps pour se confesser, entendre la messe et recevoir la sainte communion. Fazamburo en fit la promesse, mais il n'osa pas la tenir, car il craignait de déplaire à Taïcosama ; cette même crainte l'avait empêché d'embrasser le christianisme vers lequel il se sentait porté ; l'ambition fut plus forte en lui que la conviction.

N'ayant pu déterminer Paul Miki à abjurer pour sauver ses jours, il essaya d'ébranler la constance du jeune Louis, en lui faisant entrevoir la perspective d'un bel avenir ; mais comme il mettait pour condition à ses bienfaits la renonciation à la doctrine chrétienne, l'enfant rejeta ses offres avec une fermeté au-dessus de son âge, ne voulant pas, disait-il, perdre pour quelques années de vie, une éternelle félicité.

Le 4 février, on arrivait à Sononchi, où s'étaient rendus les Pères Jésuites Jean Rodriguez et François Paëz, à l'effet de donner aux martyrs les suprêmes consolations du sacrement de pénitence et de la sainte communion. Mais ce désir ne put être satisfait; l'ordre de hâter le départ avait été donné par Fazamburo, qui avait déjà pris les devants pour faire préparer les instruments du supplice. Leur entrevue avec les prisonniers fut très-courte; la barque qui devait transporter ceux-ci à Nangasaki était prête; on les y fait entrer, et on leur attacha une corde au cou; les Franciscains, on ne sait pour quel motif, furent exemptés de ce surcroît de peine.

Le sous-gouverneur, qui avait fait préparer des logements à Nangasaki, voyant qu'une multitude immense de chrétiens accouraient de tous les pays des alentours, et redoutant des manifestations et des soulèvements qui pourraient compromettre sa responsabilité, choisit pour lieu du supplice une colline, en dehors de Nangasaki, et au nord de cette ville. Il fit avertir les Pères Rodriguez et Paëz de se rendre à Ouracami, village situé à distance à peu près égale du port et du lieu où les croix étaient préparées; il permit d'entendre en confession les trois Pères Jésuites, seulement. Toutes les instances, même celles de l'évêque du Japon, ne purent obtenir davantage. Ce fut vainement aussi que le Père Pazio sollicita la délivrance des deux japonais Fagélenté et Soukechiro, lesquels ne figuraient pas sur la liste, puisqu'ils avaient été arrêtés et ajoutés aux vingt-quatre pendant le trajet de Sacaïa à Nangasaki ; le sous-gouverneur n'osa prendre sur lui de l'accorder.

À peine le cortége était-il arrivé sur l'esplanade de la colline où les bourreaux et les croix l'attendaient, que les pieux confesseurs firent entendre des cantiques d'allégresse, et se précipitèrent avec une sainte ardeur vers les instruments du supplice. Les Pères Pazio et Rodriguez obtinrent la triste faveur de demeurer avec les martyrs dans l'enceinte gardée de tous côtés par une haie de piquiers et d'arquebusiers. Défense avait été signifiée à l'évêque d'assister au supplice, il était demeuré dans une maison située à peu de distance, d'où il envoya sa bénédiction aux martyrs.

Les sinistres préparatifs commencent ; les croix se trouvaient dispersées à environ quatre pas les unes des autres, sur une seule ligne dans la direction de l'est à l'ouest. Chacune d'elles avait son inscription, indiquant le nom et la qualité du condamné ; et de plus la mention qu'il mourait par ordre de l'empereur. Dès que le signal est donné, on les attache sur leurs croix par les poignets et le col, au moyen d'anneaux de fer. Bientôt toutes les croix se dressent et sont fixées ; tous les martyrs ont le visage tourné vers Nanga-saki. Le P. Pierre Baptiste demande que l'on cloue à la croix ses mains et pieds, à l'imitation du divin Sauveur ; les bourreaux refusent, alléguant qu'ils n'ont pas l'ordre d'en agir ainsi. Les lances sont dégainées, les exécuteurs frappent chacun des martyrs dans l'un et l'autre côté, de manière à traverser la poitrine des flancs jusqu'à l'épaule opposée. En ce moment, la foule, qu'agitent les sentiments de l'admiration et de la pitié, fait entendre ces cris : *Jésus! Marie!* Les martyrs eurent à peine le temps de dire quelques paroles au peuple ; mais le P. Pierre-Baptiste entonna le *Te Deum;* la mort ne lui permit pas d'achever le saint cantique, et pourtant ce fut lui qui expira le dernier. Chef de cette héroïque phalange, il ne devait sortir du combat qu'après avoir vu tous ses soldats hors de danger et complétement victorieux !

A peine les saints confesseurs eurent-ils rendu le dernier soupir, que la haie des gardes fut brisée ; chrétiens et infidèles envahirent l'enceinte réservée ; les uns étanchaient le sang qui coulait encore des blessures des martyrs ; d'autres raclaient le bois de leurs croix ; d'autres encore se disputaient les lambeaux de leurs vêtements pour les conserver, à titre de reliques. Plusieurs officiers du gouverneur et beaucoup d'autres idolâtres allèrent demander le baptême. Le soir venu, l'évêque du Japon se rendit sur le théâtre du supplice, et se prosterna devant les restes des pieux confesseurs.

Mais le nombre des fidèles qui accouraient de toutes parts à la colline sainte, que l'on désigna bientôt sous le nom de *Mont des Martyrs*, devint si considérable que Fazamburo fit entourer de barrières le lieu du supplice, et menaça de faire payer cher aux chrétiens les violences qui seraient commises envers les soldats préposés à la garde des corps. Comme c'était la coutume au Japon que les suppliciés demeurassent attachés aux gibets, jusqu'à ce qu'ils fussent en lambeaux par la décomposition, et que l'on craignait que ceux des martyrs fussent enlevés, on décréta la peine de mort contre les gardiens, au cas où l'un de ces corps disparaîtrait. Plus tard, les chrétiens recueillirent avec soin quelques ossements, qu'ils déposèrent dans la maison des Pères Jésuites de Nangasaki.

Le sang des martyrs de Nangasaki devint une semence de chrétiens. Avant leur supplice, on comptait à peine quelques milliers de fidèles dans cette ville ; leur nombre, en 1615, s'élevait à près de 30,000. Cependant la persécution, interrompue quelque temps, se réveilla en 1614, sous le règne de Deufu-

Sama, qui prenait le titre de *Cubo-Sumo*, et qui avait conservé le pouvoir au détriment de ses pupilles, fils de Taïcosama.

Taïcosama ne survécut que deux ans à peine aux martyrs qu'il avait immolés. Mais ses successeurs ne cessèrent de persécuter les chrétiens. Jusqu'à nos jours, la doctrine évangélique s'est pourtant conservée secrètement dans quelques provinces du Japon. Depuis peu, les habitants de l'Europe et de l'Amérique ont leur libre entrée dans cet empire, en vertu des traités conclus avec la France, l'Angleterre, la Prusse, la Russie et les États-Unis, traités qui stipulent le libre exercice de la religion chrétienne. Il est vrai que la loi japonaise proscrit encore notre sainte loi pour les indigènes, sous peine du dernier supplice. Mais les îles Liou-Kiou, qui depuis longtemps font partie du Japon, auxquelles les relie une chaîne d'îlots, viennent d'être reconquises à l'Évangile. Espérons que les autres provinces de ce vaste empire s'ouvriront aussi aux missionnaires porteurs de la parole de vérité.

# COMPLAINTE
## SUR LES MARTYRS DU JAPON.

*Air connu.*

De JÉSUS-CHRIST, aux peuples infidèles,
Lorsque XAVIER vint annoncer la loi,
Vaillant soldat, sur des plages nouvelles,
Quand il planta l'étendard de la foi,
Pour surmonter les périls, les obstacles,
Son zèle ardent le soutenait toujours,
Et sa parole opéra des miracles,
Car l'Esprit Saint lui prêtait son secours    (*bis*).

Assez longtemps l'Inde fut le théâtre
De ses travaux payés par le succès ;
L'Apôtre veut, du Japon idolâtre,
A notre culte ouvrir enfin l'accès.
D'un but pieux ce conquérant s'inspire :
Faire adorer la Croix sainte en tout lieu !
Il vient, il parle, et dans l'immense empire,
Rois et sujets confessent le vrai Dieu    (*bis*).

La mort surpris l'infatigable athlète
Vers d'autres bords prêt à porter ses pas,
Au ciel déjà sa couronne était prête,
Et le Très-Haut mis fin à ses combats ;
Mais il laissait après lui dans ce monde
Des successeurs par son exemple instruits ;
Grâce à leurs soins, la semence féconde,
Devait bientôt produire d'heureux fruits !    (*bis*).

Pour attaquer cette église naissante,
Qui vient saper la base de l'erreur,
Bonzes ! formez une ligne incessante,
Des rois contre elle excitez la fureur !....

Sur elle en vain éclatent les tempêtes,
Se propageant chez vos peuples païens,
De jour en jour elle étend ses conquêtes,
Et voit grossir le nombre des chrétiens    *(bis)*

Qui provoqua contre la loi nouvelle
L'arrêt sanglant de Taïcosama?
Pour Fotoca témoignait-il son zèle?
Faisait-il voir son respect pour Cama?
Non... à sa haine un perfide ministre
De l'Empereur fit servir le courroux,
En l'effrayant d'un fantôme sinistre!
L'ordre est donné: les Pères mourront tous! *(bis)*

Mais du Seigneur les généreux lévites
Ne doivent pas marcher seuls à la mort!
De toutes parts voyez les néophytes
Briguer l'honneur de partager leur sort;
Sur leur passage où le peuple se presse,
Lorsque des pleurs coulent de tous les yeux,
Les Confesseurs, par des chants d'alégresse,
A cette terre adressent leurs adieux!    *(bis)*

Le païen même admire une croyance
Pui fait sans crainte affronter le trépas,
De trois enfants Dieu soutient la coustance,
Ils pourraient vivre... ils ne le veulent pas!
L'un va mourir à côté de son père,
Et le dernier, en regardant sa mère,
Dit *Laudate* d'une angélique voix    *(bis)*

On a dressé l'appareil du supplice;
Parmi la foule éclatent des sanglots!...
Mais les bourreaux achèvent leur office,
Et sous leurs coups le sang coule à longs flots.
Tout est finit!..., Sur les ailes des anges,
Montez au ciel, martyrs victorieux!
Dieu vous attend, et les saintes phalanges
Vous gardent place en leurs rang glorieux,

CHARLES DEVERIA.